BEI GRIN MACHT SICH IHR WISSEN BEZAHLT

- Wir veröffentlichen Ihre Hausarbeit, Bachelor- und Masterarbeit

- Ihr eigenes eBook und Buch - weltweit in allen wichtigen Shops

- Verdienen Sie an jedem Verkauf

Jetzt bei www.GRIN.com hochladen und kostenlos publizieren

Simon Rietberg

Der Drogenkrieg in Lateinamerika - ein verlorener Krieg?

GRIN Verlag

Bibliografische Information der Deutschen Nationalbibliothek:

Die Deutsche Bibliothek verzeichnet diese Publikation in der Deutschen National-
bibliografie; detaillierte bibliografische Daten sind im Internet über http://dnb.d-
nb.de/ abrufbar.

Impressum:

Copyright © 2011 GRIN Verlag GmbH
Druck und Bindung: Books on Demand GmbH, Norderstedt Germany
ISBN: 978-3-656-07934-7

Dieses Buch bei GRIN:

http://www.grin.com/de/e-book/183250/der-drogenkrieg-in-lateinamerika-ein-
verlorener-krieg

GRIN - Your knowledge has value

Der GRIN Verlag publiziert seit 1998 wissenschaftliche Arbeiten von Studenten, Hochschullehrern und anderen Akademikern als eBook und gedrucktes Buch. Die Verlagswebsite www.grin.com ist die ideale Plattform zur Veröffentlichung von Hausarbeiten, Abschlussarbeiten, wissenschaftlichen Aufsätzen, Dissertationen und Fachbüchern.

Besuchen Sie uns im Internet:

http://www.grin.com/

http://www.facebook.com/grincom

http://www.twitter.com/grin_com

Otto-von-Guericke-Universität Magdeburg

Fakultät für Geistes-, Sprach- und Erziehungswissenschaften

Institut für Politikwissenschaft

Der Drogenkrieg in Lateinamerika – ein verlorener Krieg?

Literaturbericht

Simon Rietberg

Magdeburg, den 18.07.2011

INHALTSVERZEICHNIS

Einleitung

Angenommen, man würde in einer deutschen Großstadt eine Umfrage durchführen und willkürlich Passanten nach ihren politischen Assoziationen mit Mexiko befragen – man würde vor allem eine Antwort bekommen: der Drogenkrieg. Kaum ein anderes Thema prägt derzeit das Image Mexikos so sehr wie dieses. Ständig berichten die Medien von neuen Gräueltaten, Entführungen, Ermordungen und Vergewaltigungen. Fernsehbilder aus Mexiko werden mittlerweile hauptsächlich von Straßenschlachten, geköpften Leichen und Militäreinsätzen geprägt. Der Drogenkrieg ist seit einigen Jahren das alles bestimmende Thema.

Entsprechend ausführlich sieht die Quellenlage zum Thema aus. Es wäre müßig und würde den Rahmen dieser Einleitung sprengen, wenn nun alle dazu relevanten Werke aufgezählt würden. Daher sei nur auf einige ausgewählte Publikationen hingewiesen, die diesbezüglich von Interesse sein könnten. Neben den drei in diesem Bericht vorgestellten Abhandlungen ist insbesondere auf den von der Heinrich-Böll-Stiftung herausgegebene Sammelband „Drogen, Dollars, Demokratie. Herausforderungen durch den Drogenhandel in Mexiko und Brasilien" hinzuweisen, der insbesondere den Konflikt in Mexiko thematisiert. Auch die Abhandlung „Zentralamerika zwischen den Fronten. Die Region wird zum Schauplatz der internationalen Drogenökonomie" von Günther Maihold und Daniel Brombacher sei dabei zu nennen, die trotz ihres eher geringen Umfangs einen guten Überblick zum Stand der Dinge in Zentralamerika liefert. Schließlich dürfte neben anderen auch der von Laurie Freemann verfasste Aufsatz „State of siege: drug-related violence and corruption in Mexico: unintended consequences of the war on drugs" von Interesse sein, der ebenfalls sehr detailliert auf die Lage in Mexiko eingeht.

Die vorliegende Arbeit kann jedoch verständlicherweise nicht alle wichtigen Publikationen zum Thema berücksichtigen. Sie greift daher drei heraus: einen Aufsatz von Linda Helfrich, „Wie erfolgreich ist der ‚Krieg gegen Drogen' in der Andenregion?", der insbesondere die Lage in Kolumbien, Peru und Bolivien beleuchtet, und zwei Publikationen, die sich genauer mit der Situation in Mexiko beschäftigen: Karl-Dieter Hoffmanns „Regierung kontra Kartelle: Der Drogenkrieg in Mexiko" und die von Shannon O'Neil verfasste Abhandlung "The Real War in Mexico: How Democracy Can Defeat the Drug Cartels".

Diese drei wissenschaftlichen Arbeiten werden im vorliegenden Literaturbericht genauer beleuchtet. Der Bericht beginnt mit einer Zusammenfassung der Abhandlungen, die anschließend vergleichend genauer erörtert werden. Dabei liegt neben der Betrachtung der inhaltlichen Schwerpunkte der Fokus dieser Arbeit auf der Analyse des methodischen Vorgehens und dessen kritischer Beleuchtung. In einem abschließenden Resümee werden die Ergebnisse dann zusammengefasst. Mit einer kurzen Stellungnahme zur Frage, ob der Krieg gegen die Drogen noch zu gewinnen ist, und einer eigenen Einschätzung dazu endet schließlich dieser Literaturbericht.

1. Darstellung der wissenschaftlichen Abhandlungen

1.1. Linda Helfrich (2009):

„Wie erfolgreich ist der ‚Krieg gegen Drogen' in der Andenregion?"

Linda Helfrich geht in ihrem Aufsatz zum Thema „Krieg gegen Drogen" der Frage nach, ob der Kampf gegen die Drogen bereits verloren ist. Ihre Abhandlung widmet sie vor allem den verschiedenen länderspezifischen Ansätzen der US-Drogenbekämpfung. Zu Beginn ihrer Arbeit stellt sie den geschichtlichen Ablauf der amerikanischen Anti-Drogenpolitik dar und listet die Instrumente auf, die den USA bei der Drogenbekämpfung zur Verfügung stehen. Es folgt eine Beschreibung des amerikanischen Engagements in Kolumbien, das zunehmend auch im Rahmen der Terrorismusbekämpfung zu verorten ist. Auf dieses geht die Autorin dann ausführlicher ein. Nach einer kurzen Schilderung der durch das US-Engagement vor Ort ausgelösten Spannungen Kolumbiens mit seinen Nachbarländern konzentriert sich die Autorin insbesondere auf die negativen Seiten des amerikanischen Vorgehens. Vor allem bei der Reduzierung des Kokaanbaus und der Befriedung des Landes sei man gescheitert. Aber auch die Entstehung immer neuer Kartelle und die Anzahl von Binnenflüchtlingen zeige, dass der Krieg gegen die Drogen hier bereits verloren sei. Auch in Peru sieht die Lage trotz massiver Unterstützung durch die USA nach Ansicht der Autorin in Peru nicht besser aus. Die Anbaufläche von Kokapflanzen habe zugenommen, Felder würden seltener zerstört als in Kolumbien und Guerillagruppen seien am Erstarken. Zudem gelte Peru als wichtiger Absatzmarkt und Austragungsort von Kämpfen zwischen verschiedenen Kartellen. Drogenkontrollen sind der Autorin zufolge meist ineffektiv, Korruption weit verbreitet. Die Debatte über eine medizinische Nutzung von Kokablättern stößt auf amerikanischen Widerstand. In Bolivien hingegen ist eine bestimmte Anbaufläche von Kokapflanzen legal. Trotzdem wird deutlich mehr angebaut als eigentlich erlaubt. Zudem führte die relativ laxe Anti-Drogenpolitik zu Spannungen mit den USA, dem Geldgeber im Kampf gegen die Drogen.

Vor allem an diesen drei Ländern macht die Autorin ein Scheitern des Kriegs gegen die Drogen fest. Das Vorgehen der USA habe in vielen Ländern den Ernst der Lage noch verschärft. Rechtsstaatlichkeit und Menschenrechte würden teilweise mit Füßen getreten, die Macht der Kartelle sei ungebrochen. Infolgedessen werde vermehrt Kritik seitens der lateinamerikanischen Staaten an den USA geäußert. Einig sei man sich dennoch nicht. Während die einen Staaten eine eher liberale Politik verfolgten, gehe man in Kolumbien restriktiv gegen Drogenhandel und -konsum vor.

Die Autorin beendet ihre Arbeit mit einigen Vorschlägen, wie man die Lage besser unter Kontrolle bekommen könnte. Insbesondere bei der Gesetzgebung, aber auch der Einhaltung der Menschenrechte müsse man den lateinamerikanischen Staaten helfen. Wichtige Reformen des Polizei-, Justiz-, Militär- und Parteienwesens seien ebenfalls erforderlich. Aber auch auf die Wichtigkeit eines konstruktiven und reintegrativen Umgangs mit Regierungsgegnern weist sie hin.

1.2. Karl-Dieter Hoffmann (2009):

„Regierung kontra Kartelle: Der Drogenkrieg in Mexiko"

Karl-Dieter Hoffmann geht etwas anders vor. Er beginnt mit einer ausführlichen Beschreibung der Umstände in Mexiko und zeigt dabei die Probleme des Drogenhandels, der Kartelle und der repressiven Politik Calderóns auf. Aber auch die Befürchtungen der USA vor einem Zusammenbruch Mexikos spricht er an. Im darauf folgenden Kapitel geht er zunächst auf die Bedingungen des Drogenanbaus in Mexiko, dann aber vor allem auf den Aufstieg der mexikanischen Kartelle, der dem Autor zufolge insbesondere dem Wegfallen der Schmuggelrouten durch die Karibik und der Zerschlagung der großen kolumbianischen Kartelle zu verdanken ist, und den zunehmenden Binnenkonsum von Drogen ein. Anschließend stellt Hoffmann die Kartelle, deren Operationszentren, Machtmechanismen und Aktivitäten vor. Ausdrücklich weist er darauf hin, dass der Drogengroßhandel in den USA selbst nicht von den Kartellen, sondern von ortsansässigen Mexikanern betrieben wird, die jedoch in engem Kontakt zu den großen Kartellen stehen. Anschließend schildert der Autor die Rahmenbedingungen, die für den Vertrieb der Drogen durch die Kartelle vonnöten sind und insbesondere durch Korruption geschaffen wurden. In diesem Zusammenhang geht er auch auf die mangelhafte Ausbildung und Ausstattung der Polizei ein – deren Bereitschaft, sich vereinnahmen zu lassen, der Autor insbesondere auf die Vergangenheit unter der autoritären Herrschaft des PRI zurückführt. Hinterher setzt sich Hoffmann näher mit den blutigen Konflikten in Mexiko auseinander. Nach einer kurzen geschichtlichen Abhandlung, in der er erklärt, wie die symbiotische Zusammenarbeit zwischen Drogenbossen und PRI funktionierte, schildert er, wie die Demokratisierung Mexikos der Zusammenarbeit zwischen Regierung und Drogenkartellen ein Ende setzte. Das, aber auch die zunehmende Schwäche des PRI und die aufgrund steigender Gewinne möglich gewordene massive Korrumpierung des Staatsapparats habe schließlich zur Eskalation der Lage in Mexiko geführt. Der Autor bietet aber auch eine Alternativerklärung an. Derzufolge habe die Stagnation auf dem US-Drogenmarkt dazugeführt, dass Gewinne auf Kosten der andere Kartelle erreicht werden mussten, was die Spirale der Gewalt erneut anfachte. Aber auch das zunehmende Engagement auf dem Binnenmarkt habe die Gewalt weiter eskalieren lassen. In diesem Zusammenhang weist der Autor auf verschiedene Killertrupps („Zetas") hin, die zum Schutz der einzelnen Kartelle gegründet worden seien, aber häufig auch Vergeltungsangriffe gegen andere Kartelle ausführten. Abschließend geht Hoffmann erneut auf die Politik Calderóns ein. Er schildert, wie dessen Vorgehen gegen die Drogenbanden anfangs auf breite Zustimmung bei der Bevölkerungsmehrheit stieß, mit der Zeit aber an Überzeugungskraft verlor. Sein Vorgehen weise dabei viele Schattenseiten auf. Zum Einen habe die gewöhnliche Kriminalität durch den allgemeinen Gewaltanstieg zugenommen. Zum Anderen sei die Befriedung einer Region – falls überhaupt möglich – oft nur zum Preis der Konfliktverlagerung in andere Regionen zu haben, was zu einer Ausdehnung des Drogenproblems geführt habe. Zudem habe der Kampf zwischen Staat und Kartellen auch Auswirkungen auf den Tourismus. Einige Aktionen des Militärs seien zwar durchaus von Erfolg gekrönt. Die Kartelle könnten dadurch jedoch kaum in ihrer Funktionsweise eingeschränkt werden. Außerdem komme es in diesem Zusammenhang immer wieder zu Menschenrechtsverletzungen. Der Autor kritisiert aber vor allem, dass das Militär abgesehen von Show-Effekten die Lage kaum unter Kontrolle bringen könne. Dazu bedürfe es eines funktionierenden Rechtsstaats und einer Abschaffung der Straflosigkeit, was aber kaum erreichbar sei. Zumindest die Professionalisierung der Polizei und Justiz könne man Calderón aber zugute halten, auch wenn fraglich sei, ob angesichts der massiven Unterwanderung des Justiz- und Polizeiwesens derartige Aktionen Erfolg brächten. Einen Waffenstillstand mit den Kartellen lehnt Calderón jedoch kategorisch ab, so der Autor. Sollte ein eventuell bereits geschlossenes Abkommen zwischen den verschiedenen Kartellen Bestand haben und sich deren Gewalt nun vor allem gegen den Staat richten, sieht der Autor eine gewisse Wahrscheinlichkeit, dass aus Mexiko ein „Failed State" werden könnte – was die USA nicht ohne Weiteres tolerieren würden.

1.3. Shannon O'Neil (2009):
„The Real War in Mexico: How Democracy Can Defeat the Drug Cartels"

Shannon O'Neil beginnt ihre Abhandlung mit einer Bestandsaufnahme, bei der sie Beispiele der Grausamkeiten des mexikanischen Konflikts zwischen Staat und Kartelle aufzählt. Sie geht anschließend vor allem auf die USA und deren Befürchtung ein, dass aus Mexiko ein „Failed State" werden könne. Solche Befürchtungen teilt die Autorin dieser Abhandlung jedoch nicht. Sie spricht eher von der Gefahr, dass die Demokratie nachhaltig beschädigt werden könnte. Um die noch sehr fragile Demokratie Mexikos nicht zu gefährden, empfiehlt sie den USA, nicht nur die Grenzen zu sichern, sondern die Demokratie des südlichen Nachbarn auch aktiv zu unterstützen. Im Anschluss an diese Forderung geht die Autorin genauer auf die Ursachen der Gewalt ein. Ähnlich wie Hoffmann weist sie auf das symbiotische Verhältnis zwischen Drogenkartellen und Regierung hin, deren Abkommen im Zuge der Demokratisierung nichtig geworden seien. Damit habe jedoch auch die Kontrolle der Regierung über die Drogenkartelle geendet. Letztere hätten nun versucht, sich unabhängig zu machen, um sich nicht länger der Regierung unterwerfen zu müssen, was häufig Einschüchterungen der örtlichen Behörden zur Folge gehabt habe Aber auch der mit der Demokratie einhergehende Wettbewerb habe das Vorgehen des Staats gegen die Drogenkartelle gelähmt. Neben dem geschwächten Staat trug O'Neil zufolge zudem die Schließung der karibischen Schmuggelroute zur Machtzunahme der mexikanischen Kartelle bei, insbesondere gegenüber den kolumbianischen Kartellen. Daraus habe sich vor allem eine Professionalisierung der Drogenbanden ergeben. Vor allem diese politischen und wirtschaftlichen Prozesse, aber auch die rigorose Politik Calderóns hätten zur Eskalation der Gewalt beigetragen. Deren Ausmaß vergleicht die Autorin mit verschiedenen Auseinandersetzungen zwischen einzelnen Kartellen in den 1990ern und 2005, die ebenfalls einen hohen Blutzoll gefordert hatten. Aus vergeblichen Versuchen Mexikos und der USA, das Drogenproblem militärisch zu bekämpfen bzw. die Ausrüstung dafür zu liefern, schließt die Autorin, dass diese Politik keinen Erfolg haben wird. Vielmehr empfiehlt sie den USA, Mexiko als ebenbürtigen Partner zu behandeln, mit ihm zusammenzuarbeiten, aber auch, ihre eigene Rolle im Drogenkonflikt zu überdenken. Dazu gehöre u.a., den Waffenexport nach Mexiko stärker zu regulieren, Geldwäsche aktiv zu bekämpfen und die Drogennachfrage in den USA zu dämpfen. Zudem müsse man die finanzielle Unterstützung Mexikos im Kampf gegen die Kartelle deutlich erhöhen, die Verteilung der Mittel beschleunigen und mehr auf Nachhaltigkeit setzen, aber auch die Korruption bekämpfen und Schulungen im Umgang damit anbieten. Aufgrund des engen wirtschaftlichen Geflechts zwischen beiden Staaten und der wechselseitigen Abhängigkeit sei eine enge wirtschaftliche Kooperation zwischen Mexiko und den USA wünschenswert, die beispielsweise das Abschaffen von Handelsbarrieren und eine Modernisierung der Grenzübergänge mit sich bringen könnten. Aber auch Investitionen in Bildung und Infrastruktur Mexikos seien wichtig, ebenso wie eine Reform der Einwanderungsbestimmungen und eine Vereinheitlichung der Botschaftspolitik in Mexiko.

Abschließend beleuchtet die Autorin erneut die Rolle Calderóns. In ihm sieht sie nicht eine Art neuen Don Quijote, sondern vielmehr einen gewandten Politiker, der sich insbesondere auf die zunehmende Mittelschicht stützt. Deren Vorliebe für Recht und Ordnung, Transparenz und Demokratie könnten Mexiko ebenso wie den USA dabei helfen, das Drogenproblem in den Griff zu bekommen. Mehr Verantwortungsübernahme, die Stärkung wirtschaftlicher und sozialer Aufstiegsmöglichkeiten und mehr Rechtsstaat werden, so die Autorin, dazu beitragen, dass Mexiko ein demokratischer und partizipatorischer Staat wird – wenn die USA Mexiko endlich als vollwertigen Nachbarn wahrnehmen.

2. Inhaltliche Schwerpunkte[1]

Inhaltlich weisen besonders O'Neil und Hoffmann viele Gemeinsamkeiten auf. Beide gehen detailliert auf die historischen Hintergründe ein und schildern ausführlich die Rolle des PRI und die Auswirkungen der Demokratisierung auf die Gewaltentwicklung im Land. Im Unterschied zu O'Neil geht Hoffmann dabei aber auch genauer auf den Drogenanbau und den Absatzmarkt

---

[1] Aufgrund der engen Verknüpftheit zwischen inhaltlichen Schwerpunkten, methodischem Vorgehen und kritischen Anmerkungen zu den jeweiligen Abhandlungen kann es in den folgenden Kapiteln teilweise zu leichten Überschneidungen kommen. Dies ist aufgrund der angesprochenen Interaktion zwischen den verschiedenen Ebene jedoch kaum zu verhindern.

innerhalb Mexikos ein. Der Politik Calderóns wiederum widmen beide mehrere Absätze, wobei sich die Autoren recht kritisch mit dessen Vorgehen auseinandersetzen. Während Hoffmann sich jedoch eher skeptisch zu den Erfolgsaussichten im Kampf gegen die Drogenkartelle äußert, besonders was das Vorgehen Calderóns angeht, ist O'Neil dabei optimistischer. Obwohl sie klar auf die Gefahren hinweist, sieht sie eindeutige Möglichkeiten, wie man die Gewalt zwar nicht besiegen, jedoch zumindest ihrer Herr werden könnte. Abgesehen davon weisen die Autoren aber keine allzu großen Differenzen auf.

Helfrich hingegen setzt in ihrer eher kurzen Abhandlung andere Schwerpunkte. Geschichtliche Fakten werden nahezu vollständig außen vorgelassen. Dafür konzentriert sich die Autorin in erster Linie auf ihre drei Fallstudien Kolumbien, Peru und Bolivien. Dabei geht sie genau auf die Entwicklungen und Folgen der amerikanischen, aber auch der innerstaatlichen (Anti-) Drogenpolitik ein, wobei sie gemäß ihrer zu Beginn in den Raum gestellten Leitfrage vor allem die negativen Seiten der Situation in den Vordergrund stellt. Aber auch andere lateinamerikanische Staaten finden, wenn auch erst gegen Ende ihrer Abhandlung, Beachtung. Sie stellt jedoch klar, dass für sie der Krieg gegen die Drogen in der Form nicht zu gewinnen ist, womit sie eine äußerst pessimistische Ansicht vertritt.

3. Methodisches Vorgehen

Auch methodisch betrachtet werden einige Gemeinsamkeiten zwischen Hoffmann und O'Neil deutlich. Beide beginnen mit einer Bestandsaufnahme, um dann zum eigentlichen Thema zu kommen: dem Drogenkrieg in Mexiko. Hoffmann analysiert hier Schritt für Schritt die einzelnen Faktoren, die für die Eskalation eine Rolle spielen, um dann eher induktiv zu einer Erklärung zu kommen, während O'Neil gleich zu Beginn die Ursachen der Gewalt nennt („Mexico's escalating violence is in part an unintended side effect of democratization and economic globalization" (O'Neil 2009: 64)) und dann eher deduktiv deren Auslöser schildert. Ansonsten ähnelt sich ihre Analyse jedoch. Beide gehen detailliert auf die jeweiligen Ursachen der Gewalt ein und schildern nacheinander, wie diese zur Eskalation der Gewalt beigetragen haben.

Ein wichtiger Unterschied zwischen beiden Autoren ist jedoch der jeweilige Aufforderungsgehalt der beiden Abhandlungen. Während Hoffmann sich diesbezüglich sehr zurückhält und sich vor allem auf Beschreibung und Analyse der Geschehnisse in Mexiko konzentriert, verfolgt O'Neil einen klar normativen Ansatz, wobei sie immer wieder deutlich benennt, wie die USA das Problem besser in den Griff bekommen könnten. Darauf verzichtet Hoffmann wiederum vollständig. Seine Abhandlung ist sehr deskriptiv gehalten. Eine Leitfrage, die sich wie ein roter Faden durch die Arbeit zieht, findet man bei Hoffmann nicht. Dieser rote Faden ist aber auch bei O'Neil nur in Ansätzen ausgeprägt. Zwar stellt sie bereits im Titel ihrer Arbeit eine klare Leitfrage. Diese geht jedoch zwischenzeitlich etwas unter, insbesondere aufgrund der Tatsache, dass die Autorin den geschichtlichen Fakten, die eigentlich hinsichtlich ihrer Leitfrage eine untergeordnete Rolle spielen, gerade zu Beginn sehr viel Platz einräumt.

Linda Helfrich hingegen verwendet einen ganz anderen Ansatz. Ähnlich wie O'Neil und im Gegensatz zu Hoffmann stellt sie zu Beginn ihrer Abhandlung eine Frage in den Raum, die sie dann anhand von Beispielen aus drei verschiedenen lateinamerikanischen Ländern zu beantworten versucht. Sie verzichtet jedoch beinahe vollständig auf eine genaue historische Betrachtung der Ereignisse in Mexiko und konzentriert sich fast vollständig auf die Gegenwart. Land für Land arbeitet sie ihre Fragestellung ab, um am Ende in einer Bilanz auf eben diese zurückzukommen. Ein roter Faden ist hier also durchaus zu erkennen. Interessanterweise gibt sie jedoch keine klare Antwort auf ihre Leitfrage, auch wenn sie zuvor viele Argumente geliefert hat, die eine solche Antwort möglich gemacht hätten. Vielmehr weist sie darauf hin, dass „die Argumente derjenigen, die den Drogenkrieg in der Andenregion als gescheitert bezeichnen, […] stark [sind].“ (Helfrich 2009: 6).

Eine Bilanz, zumindest in proportional ähnlichem Umfang wie bei Helfrich, findet sich bei den beiden anderen Autoren jedoch nicht. Ein klares Ergebnis, das die Arbeit am Ende der Analyse präsentieren kann, findet man zumindest bei Hoffmann ebenfalls nicht. Das Gleiche gilt für O'Neil, die zwar zwischenzeitlich einen umfangreichen Forderungskatalog aufstellt, am Ende jedoch in nur einem Satz („U.S. policies that help increase accountability, expand economic and social opportunity, and strengthen the rule of law in Mexico will all encourage a more inclusive and more stable democracy there.“ (O'Neil 2009: 77)) Bilanz zieht. Dabei wird zwar ein Ergebnis präsentiert. Dieses ist jedoch deutlich weniger „untermauert“ als das von Helfrich. Dies mag jedoch auch am normativen Charakter ihres Ergebnisses liegen, schließlich lassen sich Forderungen schwieriger mit empirischem Material untermauern als analytische Argumente, wie sie Helfrich liefert. Im Gegenzug schließen O'Neil und Hoffmann wiederum ihre Arbeit mit einem Ausblick ab, der auf mögliche zukünftige Entwicklungen hindeutet – ein Vorgehen, das sich bei Helfrich so nicht findet.

4. Kritik

Alle drei Autoren verzichten darauf, eine klar ersichtliche These zu Beginn ihrer jeweiligen Abhandlungen vorzustellen und diese dann anhand empirischen Materials abzuarbeiten. Am ehesten gelingt dies Helfrich, die zwar keine eindeutig festzumachende These aufstellt, sich jedoch ihre ganze Arbeit über an einer Leitfrage orientiert und diese während der Analyse auch nicht aus den Augen verliert. Die daraus entstehende, klar ersichtliche Struktur (Einleitung, Analyse, Zusammenfassung bzw. Bilanz), die dazu beiträgt, dass man nie die Übersicht verliert und sich die wichtigsten Argumente sehr gut einprägen kann, ist daher positiv hervorzuheben. Obwohl sie in der Lage wäre, eine recht deutliche Antwort auf ihre Leitfrage zu geben, verzichtet sie bei der Bilanzierung darauf und weist lediglich darauf hin, dass „die Argumente derjenigen, die den Drogenkrieg in der Andenregion als gescheitert bezeichnen, […] stark [sind]." (Helfrich 2009: 6). Damit macht die Autorin deutlich, dass zwar viele Argumente dafür sprechen, dass der Kampf gegen die Drogen verloren ist. Sie will sich damit aber noch nicht festlegen und räumt damit implizit ein, dass es auch andere Interpretationsmöglichkeiten gibt, die den Krieg gegen die Drogen erfolgreicher einschätzen, als dies die Autorin tut. Man könnte Helfrich vorwerfen, bei ihrer Analyse nicht mehr als nur etwas an der Oberfläche zu kratzen, da sie für jedes vorgestellte Land nur einige wenige Fakten nennt und insbesondere Ursachen und geschichtliche Hintergründe außen vor lässt. Aufgrund des Umfangs ihrer Arbeit dürfte ihr jedoch kaum eine Wahl geblieben sein. Eine ausführliche Auseinandersetzung mit derartigen Aspekten ist auf acht Seiten nur sehr begrenzt möglich. Ein weiterer Kritikpunkt wäre die Tatsache, dass die Autorin fast ausschließlich negative Seiten der US-Politik darstellt und Erfolge, auch wenn diese sicherlich eher selten sind bzw. waren, beinahe vollständig ausspart. Insofern ist der Autorin sicherlich ein viel versprechender Überblick gelungen, der allenfalls ein wenig an Breite vermissen lässt und vielleicht etwas zu negativ geraten ist.

Der Aufsatz von Hoffmann wiederum weist in erster Linie sehr deskriptive Züge auf. Einerseits schafft er damit einen sicherlich sehr gelungen Überblick über die Geschehnisse in Mexiko, deren Ursachen und historische Hintergründe. Andererseits versäumt er es jedoch durch sein stark deskriptives Vorgehen, abgesehen von einigen Ausnahmen wirklich neue Erkenntnisse zum Thema beizutragen. Entsprechend kann er gegen Ende seiner Abhandlung auch kaum wirklich analytische Ergebnisse vorweisen. Positiv hervorzuheben ist jedoch, dass er sehr akribisch die einzelnen Zusammenhänge zwischen den verschiedenen, für die Eskalation der Gewalt in Mexiko verantwortlichen Faktoren herstellt. Dabei liefert er in einem Fall (S. 67) auch alternative Erklärungsansätze, die das Anschwellen der Gewalt in Mexiko auch aus einer anderen Perspektive erklären. Damit relativiert er den Wahrheitsanspruch seiner Erklärungen. Er stellt seine Erkenntnisse ähnlich wie Helfrich nicht als einzige „Wahrheit" dar – einen Eindruck, den viele wissenschaftliche Publikationen dem Leser mal willentlich, mal mehr oder weniger unfreiwillig aufzwingen –, sondern macht deutlich, dass es durchaus verschiedene Ansätze gibt, die dieses Phänomen aus jeweils unterschiedlichen Blickwinkeln erklären.

Kritisch hervorzuheben ist jedoch, dass man bei Hoffmann etwas den „roten Faden" vermisst, der sich beispielsweise bei Helfrich durch die komplette Abhandlung zieht. Eine Struktur, die durchaus sinnvoll erscheint, ist zwar zu erkennen, auch wenn der Autor leider auf eine Bilanz bzw. Zusammenfassung am Ende seiner Arbeit verzichtet – er hätte jedoch aufgrund des beschreibenden Charakters seiner Arbeit ohnehin keine konkreten Ergebnisse seiner Analyse darstellen können. Die Tatsache, dass der Autor kein klar formuliertes Argument verfolgt, führt jedoch dazu, dass man teilweise etwas den Überblick verliert. Da Hoffmann sowohl auf eine Leitfrage als auch auf eine anfangs aufgestellte These, die ein solches Argument hätte beinhalten können, verzichtet, ist diese „Strukturschwäche" aber verständlich. Eine Begründung, warum die jeweiligen Themengebiete so und nicht anders gewählt bzw. angeordnet wurden, vermisst man dennoch. Insofern stellt dies für den Autor dieses Berichts ein gewisses Manko dar, das den ansonsten sehr guten Eindruck seiner Publikation etwas trübt.

Ähnliches gilt auch für den Aufsatz von O'Neil. Diese stellt zwar im Gegensatz zu Hoffmann bereits im Titel eine eindeutig erkennbare Leitfrage. Doch auch bei ihr verliert man das ein oder andere Mal den Überblick, gerade wenn sie sich mit Geschehnissen auseinandersetzt, die zwar sicherlich für den Konflikt äußerst relevant sind, jedoch mit ihrer Leitfrage im Prinzip wenig zu tun haben. Inwiefern es möglich ist, sich bei einem auch etwas längeren Aufsatz (ähnlich wie bei Hoffmann) immer an der eigenen Leitfrage „entlangzuhangeln" und diese immer zu berücksichtigen, sei dahingestellt. Fest steht jedoch, dass O'Neil ebenfalls etwas den „roten Faden" vermissen lässt, an dem man sich bei Helfrich sehr gut orientieren kann. Auch die Struktur ihrer Abhandlung ist entsprechend nicht immer ganz deutlich. Zum Einen verzichtet die Autorin genau wie Hoffmann auf eine klar ersichtliche Zusammenfassung am Ende und stellt ihre wichtigsten Erkenntnisse in gerade einmal einem Satz dar. Zum Anderen tauchen ihre Forderungen bzw. Empfehlungen, die bereits durch die Leitfrage angekündigt werden, immer mal wieder zwischen den Kapiteln auf. Sie sind aber keinesfalls klar getrennt oder sonst in irgendeiner Weise hervorgehoben, was den Aufbau der Arbeit etwas unübersichtlich erscheinen lässt und dazu führt, dass dessen Logik dem Leser nicht immer ganz deutlich wird.

Positiv hervorzuheben ist aber die Konkretheit der Abhandlung. Im Gegensatz zu den beiden zuvor behandelten Autoren analysiert O'Neil das Geschehen nicht nur, sondern gibt detaillierte Empfehlungen, wie man das Problem, insbesondere aus Sicht der USA, konkret angehen könnte. Darauf verzichtet Hoffmann vollständig und auch bei Helfrich lassen sich diesbezüglich nicht viele Hinweise entdecken. Zudem schildert O'Neil ähnlich wie Hoffmann sehr detailliert die verschiedenen Faktoren, die zum Konflikt geführt haben, und stellt ähnliche stringente und einleuchtende Zusammenhänge vor wie ihr Kollege. Genau wie die beiden anderen Autoren geht sie dabei meist so vor, dass zu Beginn eines Absatzes das eigentliche Argument dargestellt wird, welches anschließend durch Belege und Beispiele genauer ausgeführt wird.

Insofern ist der Aufsatz der Amerikanerin, ähnlich wie der von Hoffmann, durchaus als gelungen zu betrachten, auch wenn die Struktur und das etwas unübersichtliche Vorgehen (jeweils relativ gesehen zum Aufsatz von Helfrich) etwas zu wünschen übrig lassen.

Zusammenfassung

Zusammenfassend lässt sich sagen: alle drei Autoren haben unterschiedliche Herangehensweisen an das Thema Drogenkrieg gezeigt. Shannon O'Neil legt in ihrem Aufsatz besonderen Wert auf politische Implikationen, die das Geschehen in Mexiko hervorruft. Entsprechend ausführlich spricht sie über Empfehlungen an die US-Regierung, wie die Vereinigten Staaten die Drogenproblematik besser in den Griff bekommen könnten. Sie geht dabei aber auch genauer auf die Hintergründe ein und schildert akribisch historische Zusammenhänge, auch wenn dabei teilweise etwas der Überblick verloren geht und man etwas den „roten Faden" vermisst.

Gleiches gilt für den Aufsatz von Karl-Dieter Hoffmann, der ähnlich vorgeht. Zwar hat seine Abhandlung keinen normativen Charakter wie die von O'Neil; er geht jedoch ebenfalls detailliert auf die Hintergründe und historischen Erklärungen der Gewalt in Mexiko ein. Daraus resultiert ähnlich wie bei O'Neil, dass man als Leser manchmal etwas den Überblick über das große Ganze verliert. Aufgrund der Tatsache, dass sein Aufsatz deutlich deskriptiver gestaltet und eine Leitfrage im Gegensatz zu O'Neil nicht zu erkennen ist, ist eine klar auf eine Leitfrage bzw. ein Kernargument ausgerichtete Struktur nicht ganz so wichtig. Eine Begründung und genauere Vernetzung der unterschiedlichen Unterkapitel hätte der Übersicht aber sicherlich nicht geschadet.

Linda Helfrich wiederum zeigt den nach Ansicht des Autors dieses Berichts am besten strukturierten und übersichtlichsten Aufsatz. Zwar stellt auch sie genau wie die anderen Autoren keine These auf. Sie beschäftigt sich jedoch ausführlich mit einer Leitfragen, die sie bei der genaueren Analyse auch nicht aus den Augen verliert. Ihr Aufsatz ist klar gegliedert und wird von einer überzeugenden Zusammenfassung resümiert. Lediglich die umfangbedingte leichte „Oberflächlichkeit" und ihre sehr negative Schilderung der Situation könnte man bemängeln.

Wie steht es nun um die Leitfrage dieses Literaturberichts? Ist der Kampf gegen die Drogen wirklich verloren? Dazu haben die Autoren unterschiedliche Ansichten geliefert. Während Helfrich den Krieg als mehr oder weniger verloren ansieht und Hoffmann sich zumindest sehr skeptisch äußert, was einen möglichen Sieg anbelangt, sieht O'Neil durchaus noch Hoffnung, dass man noch Herr der Lage werden könnte. Angesichts dieser drei recht unterschiedlichen Meinungen ist es schwierig, zu einem eindeutigen Schluss zu kommen. Müsste der Autor dieses Berichts sich entscheiden, wo würde er sich wohl am ehesten der Meinung Hoffmanns anzuschließen, der sich zwar skeptisch äußert, den Krieg jedoch noch nicht für verloren sieht. Aufgrund der Tatsache, dass die von Helfrich vertretene Meinung doch sehr negativ (vielleicht etwas zu pessimistisch), die Ansicht von O'Neil jedoch etwas zu optimistisch (die Vorschläge klingen zwar gut, werden so aber wohl kaum in die Tat umgesetzt werden), stellt die Ansicht Hoffmanns nach Ansicht des Autors die realistischste Einschätzung des Geschehens dar.

Literaturverzeichnis

Freeman, Laurie A. (2006): State of siege: drug-related violence and corruption in Mexico : unintended consequences of the war on drugs, Washington/D.C.: WOLA.

Heinrich-Böll-Stiftung (Hg.)(2009): Drogen, Dollars, Demokratie. Herausforderungen durch den Drogenhandel in Mexiko und Brasilien; <http://www.boell.de/downloads/Demokratie_13-Drogen_Dollars_Demokratie.pdf> (abgerufen am 13.07.2011).

Helfrich, Linda (2009): Wie erfolgreich ist der „Krieg gegen Drogen" in der Andenregion? GIGA Focus Lateinamerika, Nr. 10.

Hoffmann, Karl Dieter (2009): Regierung kontra Kartelle: Der Drogenkrieg in Mexiko, in: IPG, Nr. 2, S. 56 - 77.

Maihold, Günther/ Brombacher, Daniel (2009): Zentralamerika zwischen den Fronten. Die Region wird zum Schauplatz der internationalen Drogenökonomie; <http://www.swp-berlin.org/fileadmin/contents/products/aktuell/2009A44_ILM_brm_ks.pdf> (abgerufen am 13.07.2011).

O'Neil, Shannon (2009): The Real War in Mexico: How Democracy Can Defeat the Drug Cartels, in: Foreign Affairs, Nr. 4, S. 63-77.